I SPY

A BOOK OF PICTURE RIDDLES

视觉大发现

AOMI GU

奥秘谷

[美]吉恩·玛佐洛 文　[美]沃尔特·维克 图

艾斯苔尔 译　金 波 审译

接力出版社
Publishing House

桂图登字：20—2007—043

图书在版编目（CIP）数据

奥秘谷／（美）玛佐洛文；（美）维克图；艾斯苔尔译.—南宁：接力出版社，2007.8
(I SPY视觉大发现)
ISBN 978-7-80732-969-5

Ⅰ. 奥…　Ⅱ.①玛…②维…③艾…　Ⅲ.智力游戏－儿童读物　Ⅳ.G898.2

中国版本图书馆CIP数据核字（2007）第122172号

责任编辑：姜　竹　曾先运　　美术编辑：卢　强

责任校对：张　莉　　责任监印：刘　元

版权联络：谢逢蓓　　媒介主理：李羽清

社长：黄　俭　　总编辑：白　冰

出版发行：接力出版社

社址：广西南宁市园湖南路9号　邮编：530022

电话：010-65546561（发行部）

传真：010-65545210（发行部）

网址：http://www.jielibj.com

E-mail：jieli@jielibook.com

经销：新华书店

印制：北京尚唐印刷包装有限公司

开本：889毫米×1194毫米　1/16

印张：2　字数：30千字

版次：2007年9月第1版　印次：2014年11月第25次印刷

印数：400 001—430 000册

定价：12.80元

目 录

满书都是图画谜，动动脑，看仔细，
所有谜底都找到，大侦探里我第一。

大侦探 找找看 找线索

大侦探，找找看，兔子、榔头都不难，

提桶、口哨加纽扣，小马蹦得欢。

铅笔和企鹅，还有蓝色小轿车，接着找什么？

积木上面都写着：FIND FIVE JACKS（五个抛接玩具）。

大侦探，找找看，两把梳子有点乱，
一顶生日派对帽，乱跑的小马可得管。

Happy Birthday的祝福，一件红色的礼物，

床上放着蝴蝶结，一个男人把球棒挥舞。

大侦探 找找看
神秘怪物

大侦探，找一找，晾衣夹小人儿难不倒，
单词PLAY，椅子，扇子，小人儿跳舞实在好。

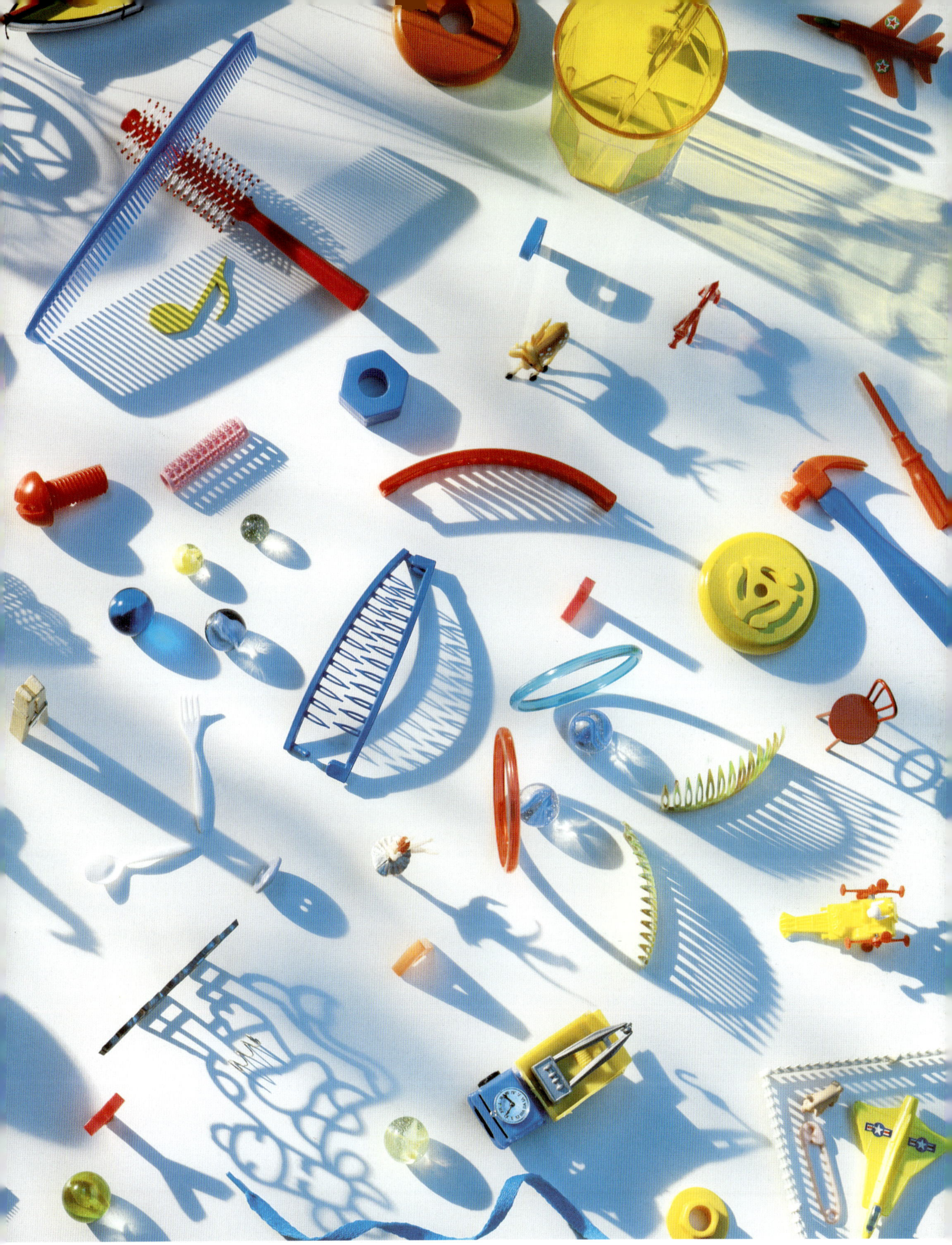

球拍，大门，弯曲的鞋带儿，
还要找到怪物的脸蛋儿。

大侦探，找找看，硬币、婴儿车和鸟巢，
还有一个小弹簧，箱子的钥匙也要找。

一台烤面包机，还有茶杯是两个，

玩偶屋的幽灵，单词BOATS是反着写的。

大侦探，找一找，顶针、锯子和草帽，

六只青蛙在奏乐，红龙虾的大螯藏得好。

蛋糕小人儿真漂亮，汤勺、笼子哪里藏，
有个罐子打翻了，是不是小猫太匆忙？

大侦探 找找看

弹球迷宫

大侦探，找一找，从1到8难不倒，

小老鼠，悠悠球，穿上红鞋把冰溜。

足球圆溜溜，绳子荡悠悠，
一幢小房子，钻戒被谁偷？

一只猴子，两条鱼，三枚硬币藏得好，
四架飞机，单词FOX，多米诺骨牌的盒子要找到。

小牛犊在哪里？CORA姑姑（AUNT CORA）黄外衣，

积木上面写着B，第29页的拼图落了一块在这里。

大侦探，快快找，十二道鸟儿爪印不能少，
还有带着棕色斑点的蛋，一条马腿一只锚。

一副旧眼镜，鱼钩和梳子，

一只花蝴蝶，小心海盗的X！

大侦探 找找看

淘气小猫

大侦探，快找吧，海豚、玉米和青蛙，

蛋糕上写着字母B，还有提琴和喇叭。

黑色的小鸟满天舞，二十四只数清楚，

三只白猫，六只手套，RUB-A-DUB-DUB。

大侦探，快快找，月亮、邮票和钟表，
猪、灯和大泡泡，小小的蜜蜂嗡嗡叫。

手套和电话，松果一小枚，

男孩KRISTEN的意中人，猜猜她是谁？

大侦探 找找看

金色的笼子

大侦探，找找吧，蟋蟀、靴子和扫把，
一篮水果，三顶帽子，还有两个晾衣夹。

鸟蛋和小号，盒子已封好，

再找一个喷壶，还有逃出来的小鸟。

单词GLITTERS穿一串儿，公鸡、青蛙亮闪闪，

找找热狗和鱼骨头，还有滑稽的小丑。

四只铁锚，一匹赛马，还有一台缝纫机，

回头看看第13页，面具的眼睛丢在了哪里？

大侦探 找找看

连锁反应

大侦探，快快找，七颗红星真不少，

花生，飞机，四匹马，小火车颜色真奇妙。

小鸡躲，叉子藏，四叶草，找起来忙，

谁推倒了多米诺骨牌，小坏蛋会不会心发慌？

大侦探晋级大挑战

大侦探，我是谁？

每个画面里都有我，
黑色的我娇小可爱，我是一只______。

找找下面的物品都藏在哪幅画里的哪个地方

塑像是个男子汉，海星，带绳的钩子和喷壶。

熨斗、天鹅和钢笔，一个奔跑者的影子，数字10。

甲虫，蜗牛，汤勺，一个跃过月亮的家伙。

篮子，被咬了一口的苹果，鱼，母鸡，袖珍手电筒。

三只鸭子，热狗，花朵，塔上的一面旗。

骆驼，扑克牌Q，四张A，三条船，一只熊，两只小兔子。

小蜜蜂，铅笔，扫帚，蓝色的小鸟，每个房间都藏着的一把钥匙。

斑马，橄榄球，天平，七颗心，喇叭，鲸。

靴子，袖珍白色猫头鹰，兔子，小汽车，小铲子。

牡牛，黄褐色的小马，安全别针，红色小螺钉。

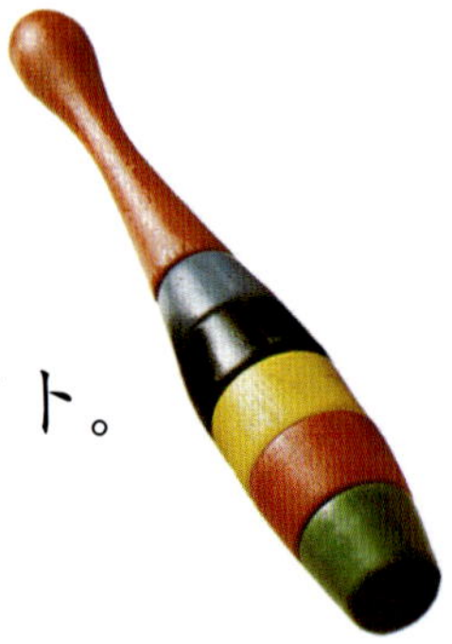

鱼，国王，钥匙，口香糖球自动贩卖机，海上的船。

手套，马车，瓶塞，六根工艺棒，一个小长柄草耙。

钢笔，猪，鹦鹉，两个黄铜大头钉，一根橘红色的胡萝卜。

更多奥秘等着你！

奥秘 1
魔力手链

这条手链被拆开了，散落在整本书里。现在需要大侦探你来把它们找齐。提示：每张照片里都有它的一部分。

奥秘 2
神秘的心形盒

这个空空的心形盒里面有什么？为了解开这个谜，请找到装满东西时的它。然后，在整本书里找一找东西都藏在什么地方。

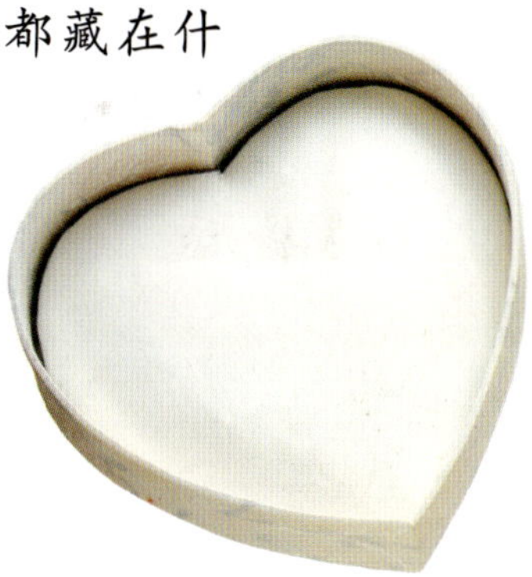

趣味谜语DIY

在这本“I SPY视觉大发现”系列之《奥秘谷》里，还有更多等待你发现的事物，还有更多等待你解开的谜。请试试看，用押韵的语句编写图片谜语，然后让你的朋友们找找看。

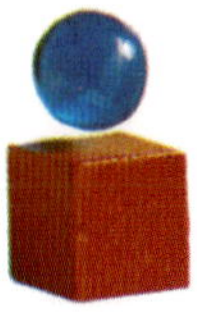

生日猜谜会

大侦探，细细看，
一年一个大挑战，
《奥秘谷》十岁了，
找到所有的谜，来个大联欢！

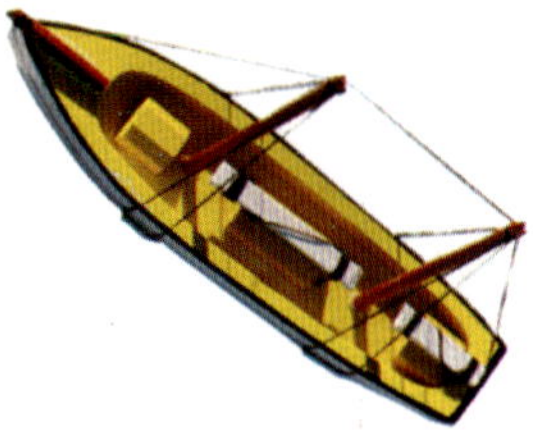

《奥秘谷》十周年生日快乐！

大侦探，找找看，有黑色鼻子的小狗盐瓶，一卷绿色的小水管，一个拿着望远镜的水手，绳子下面的威浮球。大侦探，找找看，拿着摇铃的宇航员，藏在砖洞里的蜗牛壳，银色的公牛角，BASES FULL的游戏。大侦探，找找看，一只拿着梳子的猴子，出现在不同两页的同一个宝石梨。

成功！